DES

CHEMINS DE FER,

CONSIDÉRÉS COMME MOYEN DE DÉFENSE
DU TERRITOIRE FRANÇAIS.

ORNÉ

D'UNE CARTE DE FRANCE,

EXPLICATIVE DU PROJET.

PAR

LE Mis DE SAINTE-CROIX

(Félix-Renouard),

ANCIEN OFFICIER DE CAVALERIE, CHEVALIER DE LA LÉGION-D'HONNEUR,
MEMBRE DE PLUSIEURS ACADÉMIES.

Salus populi suprema lex.

PARIS,

IMPRIMERIE DE GUIRAUDET ET CH. JOUAUST,
RUE SAINT-HONORÉ, 315.

1837.

DES
CHEMINS DE FER,

CONSIDÉRÉS COMME MOYEN DE DÉFENSE
DU TERRITOIRE FRANÇAIS.

Salus populi suprema lex.

L'attention de tous les hommes éclairés, qui s'occupent aujourd'hui des grands intérêts de la patrie, doit être de porter un regard attentif sur l'immense influence que les découvertes nouvelles, et mises en pratique, dans les sciences, les arts mécaniques et l'industrie, vont exercer sur les masses sociales; de chercher à l'avance les puissants effets qu'elles pourront produire sur l'ensemble de la société pour le bonheur des peuples, afin de ne pas être surpris stationnaires au milieu de ce grand mouvement progressif, de cette fièvre intellectuelle qui a envahi toutes les classes en France; de considérer enfin si tant de laborieux travaux, travaux qui tien-

1

nent du prodige , dans la mécanique principalement, joints à l'application de la vapeur comme *moteur* , n'arriveront pas à produire des
changements inattendus dans toutes les parties
du monde civilisé , rendre entre les peuples leurs
rapports plus prompts, et leur défense plus facile.

J'ai pensé que c'était un devoir pour tout ci-
toyen mu par d'aussi grands intérêts de faire
sentir l'importance de ces nouvelles applications,
non seulement pour la prospérité du sol de la
France , mais encore pour la défense de ses libertés , liées si intimement entre elles ; de mettre ainsi les hommes d'état à même de réfléchir
sur l'influence que de si glorieuses conquêtes
vont opérer par la suite en réagissant sur la politique , avantage incalculable pour le sol national.

Je vais donc essayer de tracer sans emphase
des idées que je crois utiles pour la défense du
sol français, en cherchant à le mettre à l'abri de
toute invasion étrangère, en évitant, autant que
possible, tout ce qui pourrait paraître diffus pour
arriver à ce grand résultat.

Si la France a eu dans ses destinées des jours
de gloire, elle a eu aussi ses jours néfastes , où
elle a vu avec effroi l'étranger s'asseoir au foyer

(3)

domestique, et Paris devenir sa conquête ; jours
de deuil déjà loin de nous , mais dont le triste
souvenir est resté gravé dans tous les cœurs assez haut placés pour en être encore constamment
affligés , et se ressentir de tous les maux qui ont
été la suite de cette pénible occupation.

Ainsi, conserver à la France la totalité de son
territoire , asseoir d'une manière solide son indépendance comme nation ; n'avoir plus rien
àredouter du dehors pour ses libertés , si chè-
rement acquises ; accroître son industrie par la
diminution progressive des impôts , qui pèsent
si sensiblement sur la masse des citoyens ; réduire l'armée active dans une proportion con-
venable à sa population et à ses revenus, sans
trop de surcharge : voilà les idées qui ont do-
miné le rédacteur de cet écrit, qui l'ont engagé
à publier cet opuscule et à appeler l'attention
du gouvernement sur des questions d'une si
haute importance. Sa tâche sera heureusement
remplie s'il a pu prouver qu'avec les moyens
provenant des découvertes du siècle, il était facile de parvenir à ce but essentiel.

Tout le monde connaît ce vieil et prudent
adage que *c'est pendant les jours de paix qu'on
doit se préparer à la guerre (Si vis pacem , para
bellum*). Cet axiome, qui est de tous les âges ,

paraît avoir été oublié de nos jours, puisque nous ne voyons pas qu'il ait été mis en pratique. Nous avons cependant tous les éléments nécessaires pour faire une forte défense, calculée d'avance ; et aujourd'hui que notre ère de conquête est terminée, que nous voulons rester dans nos limites européennes, sans les augmenter, il est temps d'y songer : car de cette détermination dépend tôt ou tard le salut du sol français.

De toutes les découvertes modernes, celle de l'application de la vapeur, comme servant de moteur, est sans contredit la plus heureuse et la plus savante. Son adoption dans toutes les parties de l'antique Europe signale une nouvelle ère, et son existence, jointe aux perfectionnements introduits par ce puissant moteur, doit nécessairement finir, d'abord, par changer les relations commerciales des peuples entre eux, les rendre indépendants les uns des autres, et par accroître tellement leurs moyens respectifs de défense territoriale, qu'elle doit (et le jour n'est peut-être pas éloigné) éteindre et terminer leurs différends de nation à nation, et amener en définitive ce rêve heureux de paix générale, fruit des méditations philanthropiques du vertueux Bernardin de Saint-Pierre.

Déjà on a vu la poudre à canon, découverte d'un moine, rendre les guerres moins meurtrières, depuis que le fusil a remplacé la lance, bien plus destructive : voilà déjà un premier bienfait. Plus tard, le génie de Vauban est venu entourer la France du côté de ses frontières vulnérables, et les envelopper d'une triple ceinture d'airain qui a fait long-temps sa force morale et politique, pensée d'un grand roi, exécutée par un grand homme. Plus tard, nous avons vu la stratégie moderne appeler à son aide d'abord les aérostats, et plus tard encore les télégraphes, pour les transmissions des ordres aux chefs des armées.

Sous le règne de Napoléon, de glorieuse mémoire, nous avons vu aussi, après avoir fait réparer les routes dégradées, si utiles à ses mouvements stratégiques, et lorsque la rapidité des manœuvres militaires l'exigeait, faire transporter des corps de troupes entiers sur des chariots dits *de poste*, du nord au midi ; mais ce mode, outre qu'il était extrêmement coûteux, nuisait à la santé du soldat voyageant en charrette, et occasionnait une grande quantité de maux de poitrine.

Telles étaient alors les voies de communication les plus usitées et les plus brèves, soit pour la transmission de la pensée, soit pour le transport des troupes, jusqu'à ce moment. Je ne parle pas des voies accélérées ordinaires par les routes, et qui ne font point partie de mon sujet.

La découverte de Watt, ingénieusement mise en pratique par Fulton, a mis au jour un nouvel agent (la vapeur), qui va développer dans le monde civilisé de nouveaux rapports et y joindre une nouvelle politique, dont les gouvernements n'ont peut-être pas encore senti toute la portée.

Il doit être aujourd'hui reconnu que le nouveau moteur, appliqué aux usines, aux bâtiments de guerre et aux chemins de fer, mis en usage dans toutes les positions, doit arriver à servir utilement la stratégie pour la défense du territoire, en même temps qu'il sert de moteur universel, pour ainsi dire, à tous les arts mécaniques.

Qui peut nier que les différentes applications que la science fait aujourd'hui de la vapeur pour les voies de communication, soit par mer, soit par terre, les rivières et même les canaux, ne soient tout à fait concluantes? Qui peut douter un instant des résultats éminents que va procurer ce nouvel agent, lorsqu'on voit toutes les mers, même les plus sujettes aux orages, sillonnées

dans tous les sens par des bâtiments à vapeur
de différentes forces, et la terre, rayonnée par
les rails-way, porter en peu de minutes les
charges les plus considérables à des points très
éloignés avec une incroyable facilité. Il faudrait
élever l'incrédulité à son apogée pour ne pas être
persuadé, en voyant tant de merveilles, des
résultats sans nombre, inattendus, et qui tiennent du miracle, que les arts industriels devront à cet agent, qui va, de plus, aider à mettre la civilisation hors des atteintes de la barbarie
et de l'envahissement ; changer en entier l'art
stratégique, soit par mer, soit sur terre, et, nouveau *Protée*, devenir ensuite, par ses terribles
effets, le plus puissant instrument de la civilisation moderne par la promptitude des rapports
des peuples entre eux.

S'imaginer que le système des forces mues par
la puissance de la vapeur tend à diminuer le
travail manuel est une de ces erreurs populaires
dont la pratique a fait raison. Les ouvriers qui
ne peuvent seconder le travail des machines
sont toujours et utilement employés au perfectionnement de la culture des terres, et à celle
non moins importante du perfectionnement des
engrais, surtout dans un pays comme la France,
qui possède une étendue de territoire assez con-

sidérable et un sol assez varié pour nourrir le double de sa population actuelle ; c'est ce qui est parfaitement prouvé par le recensement statistique des terres *arables* à mettre en culture. Ainsi nulle crainte à avoir pour la stagnation de la main-d'œuvre, et de la surabondance des bras, lorsque les perfectionnements de l'agriculture seront mis en pratique.

Cette effervescence des idées nouvelles pour les voies de communication n'a point échappé au très honorable directeur des ponts et chaussées (M. Legrand) lorsque, dans un discours lumineux à la chambre des députés sur les voies de communications, il a dit « que les routes en terre étaient les voies de l'agriculture, les canaux celles du commerce, et les chemins de fer celles de la civilisation. » Il aurait pu ajouter que l'exécution des chemins de fer, judicieusement appliquée à la défense territoriale, devait compléter chez tous les peuples, principalement en France, le système de la défense générale, mettre un frein aux agressions et à l'ambition des princes, renverser les systèmes stratégiques établis, et arriver à fermer peut-être un jour *le temple de Janus*.

Mais ce n'est pas encore tout ce qui sera dû aux découvertes de Watt : aussitôt que les communications seront devenues plus faciles et seront ouvertes sur toutes les parties de la France, que les chemins de fer, les canaux et les voies terrestres *internationales*, en sillonneront la surface sur tous les points, et dans tous les sens, le commerce, cette âme des états, s'empressera, soit par des échanges, soit de toute autre manière, de porter la vie et la richesse dans nos provinces les moins favorisées, et d'en arracher les habitants à la misère, en leur offrant les moyens de couvrir le sol ingrat, qu'ils arrosent péniblement de leurs sueurs, de produits plus utiles, plus variés et plus lucratifs.

Ainsi, lorsqu'on aura réalisé le vaste projet commencé pour compléter le système général des communications, la France, plus forte et plus compacte, présentera l'image d'une ville immense, dont les routes de fer et les canaux seront les rues, et dont toutes les parties bien ordonnées se prêteront un mutuel secours. Alors disparaîtront pour toujours du sol de la patrie les deux plus grands fléaux qui menacent les peuples, *la disette* et *l'invasion*. Le premier de ces fléaux disparaîtra, parce qu'il est prouvé qu'en France les mauvaises récoltes ne sont que locales; le second, *l'invasion*, deviendra de même impossible, parce qu'avec la surveillance active que porte le gouvernement à toutes les parties du territoire , il n'y aura plus aucun point de nos frontières qui , s'il était menacé , et avec l'aide des chemins de fer, ne soit à l'instant même couvert de nombreuses légions.

Tels sont , en général , les bienfaits que les nations futures devront aux découvertes de Watt, améliorées par le génie de Futon.

Déjà la vapeur a été appliquée à la science militaire pour des défenses locales , et on voit aux États-Unis une frégate à vapeur d'une grande dimension lancer de son bord des projectiles et même de l'eau bouillante sur l'ennemi qui tenterait de lui donner l'abordage pour s'en emparer.

En Angleterre , Perkins , si connu dans les arts mécaniques , a fait plusieurs essais d'appareils meurtriers lançant une innombrable quantité de balles en quelques minutes , et à une assez grande distance. Tous ces essais, partiels à la vérité , prouvent qu'avec la quantité d'hommes habiles qui s'occupent de cette importante matière , avec l'aide des agents nouveaux découverts par la chimie , on pourra arriver en peu d'instants à rendre la puissance de la vapeur formidable, soit comme servant de moyen de traction pour l'usage des chemins de fer, soit même encore comme arme appliquée à la stratégie.

Mais, pour réaliser le système général de défense que je propose pour mettre à l'abri de toute invasion le territoire français, il devient nécessaire de suivre un plan avec résolution et persévérance, de ne se laisser dominer par aucun de ces médiocres intérêts de localités en présence de l'ensemble, intérêts qui, malheureusement, arrivent trop souvent à faire rejeter ou à atténuer dans notre patrie les plans les plus utilement conçus, et quelquefois même lorsqu'ils sont en voie d'exécution.

Je n'ai pas besoin, je pense, dans ce rapide aperçu, de m'étendre longuement sur le degré de vitesse et la charge qu'un locomoteur peut traîner à sa suite sur les chemins de fer : tout le monde peut en juger en voyant agir les locomoteurs sur celui de Paris à Saint-Germain. (1)

L'utilité de routes stratégiques en fer qui se trouveraient liées aves les grandes voies de communication, soit terrestres internationales, soit fluviales, pour la défense du territoire français, est une de ces grandes et utiles conceptions qu'il appartient à notre époque de concevoir et de réaliser pour la sûreté et le bien-être de tous.

(1) On voit dans le *Journal des Débats* du 25 août qu'il a été voituré, en Belgique, un régiment entier en wagons.

Ce que le génie de Vauban joint à celui de Riquet ont laissé imparfait doit être réalisé et achevé par la découverte de la vapeur et des chemins de fer. On ne doit pas sacrifier notre défense commune à l'industrie, qui ne doit être protégée qu'après avoir rempli le devoir qu'impose la défense commune de notre sol et de nos libertés. Ainsi, dans le système que je présente, l'industrie ne viendrait qu'en seconde ligne, à moins que les débouchés de cette industrie ne se trouvent intimement liés avec celui des chemins de fer pour la défense du royaume.

Ainsi, je crois, et c'est tout à fait mon opinion, qu'il est indispensable que les chemins de fer soient mis à la disposition du gouvernement, qui doit être libre de tous ses mouvements militaires, sans quoi le but serait manqué.

Le roi est chargé de la défense du territoire : c'est donc dans les mains de son gouvernement que doit être remise la possession des routes de fer, dont les produits, d'ailleurs, répartis avec équité, doivent plus tard couvrir les frais des dépenses, et même donner des bénéfices.

On sait que tout se lie en fait de politique gouvernementale. Ainsi, par les moyens que j'indique, à mesure que les chemins de fer stratégiques seront terminés, il sera possible de ré-

duire les cadres de l'armée active, et par conséquent de diminuer les impôts, et par là de rendre une multitude de bras, inactifs à présent,
soit à l'agriculture, soit à l'industrie.

Il est évident aujourd'hui pour tous les hommes de bonne foi qu'après cinquante ans de ré-
volution, après des changements de gouvernement sans nombre dans leurs formes, tous les
partis, las ou vaincus, se trouvent rangés sous la
bannière constitutionnelle. Différentes opinions
peuvent encore s'agiter à l'intérieur, mais la
masse entière veut le gouvernement actuel : la
charte, parce qu'elle consacre tous nos droits;
la royauté, parce qu'elle est la barrière la plus
assurée contre l'anarchie, et la garantie des propriétés, de ses libertés, de son indépendance.
Par dessus tout, que l'étranger ne vienne nous
imposer aucune forme de gouvernement par la
force de ses baïonnettes. Voilà, si je ne trompe,
l'expression générale du vœu de la nation.

Mais, pour parvenir sûrement à ce but si dé-
sirable, pour que nos libertés soient inattaqua-
bles, pour nous mettre à l'abri des *fourches cau-
dines*, sous lesquelles nous avons eu le malheur de
passer, il s'agit d'ajouter aux sacrifices déjà faits
le dernier de tous, que ne peut refuser aucun Français, celui de mettre le territoire à l'abri de tou-

te invasion et de toute coalition étrangère qui pourrait la menacer encore.

Je ne m'occuperai pas de la politique intérieure de la France : nous avons une constitution, des libertés et des lois qui en dérivent, des autorités placées pour les faire respecter.

Mais, à l'extérieur, on ne peut disconvenir que le système actuel, n'a pas été favorablement accueilli par une partie des puissances qui nous environnent et qui nous observent, *l'arme au bras.*

L'Autriche, si puissante en Allemagne, la Prusse et la Russie, dont l'influence s'étend sur tous les états européens, n'ont pas diminué le nombre de leurs soldats, et surveillent d'un œil inquiet nos libertés. Je ne parle point ici des états secondaires, qui ont subordonné leur politique à celle des puissances dont je viens de parler. L'excessive et rigoureuse surveillance des douanes allemandes, qui repoussent nos produits, et plus encore la police plus que sévère dont les Français voyageurs sont minutieusement investis lorsqu'ils abordent sur les terres étrangères, tout cela prouve que, sans la haute sagesse du roi et de son gouvernement, l'état de paix armé dans lequel nous vivons aurait cessé depuis long-temps, et la guerre rallumé ses flambeaux.

Mais cet état de paix armé pour la France ne peut pas toujours durer, et la France surcharger tous les ans son budget militaire de sommes énormes qui accroissent sa dette nationale, sacrifice fait à un état de paix coûteux, et le gouvernement, dans sa sagesse profonde, doit chercher le moyen le plus prompt pour arriver à la diminution des dépenses de l'état; il doit surtout, en temps de paix, prévoir la guerre, et porter toute son attention sur la défense du territoire. Il est donc nécessaire qu'il adopte un plan général de défense, le plus complet et le plus assuré, qui mette à l'abri non seulement notre territoire, mais encore nos libertés, et qui, nous tenant toujours en mesure de repousser toute agression étrangère, affermisse le présent et assure l'avenir. La découverte de la vapeur, l'ouverture des chemins de fer comme moyen de défense, lui en présentent les moyens, comme nous allons le démontrer d'une manière incontestable.

Les puissances qui se trouvent contiguës à la France et touchent immédiatement au territoire sont, dans le nord, la Belgique et la Prusse; dans l'est, l'Allemagne, prise en masse, dont la France n'est séparée que par le Rhin; la Suisse, le royaume de Sardaigne; enfin, dans le midi, l'Espagne, ayant pour frontières les Pyrénées.

Voilà nos voisins immédiats , ceux avec lesquels nous pouvons avoir des difficultés résultant de la position des territoires, et sur lesquels le gouvernement doit fixer toute son attention politique, soit qu'ils soient séparés ou réunis d'intention avec les états plus éloignés pour nous faire la guerre.

Je ne citerai pas les puissances qui ne tiennent point au continent français immédiatement, par la raison qu'en cas de guerre elles seraient obligées d'emprunter un passage et même d'être coalisées avec celles qui nous avoisinent pour arriver jusqu'à nos frontières.

Ainsi l'Autriche, la Russie, l'Italie, etc., etc., ne peuvent pas occuper avec leurs armées des territoires qui ne leur appartiennent pas sans que le gouvernement ne soit instruit des motifs de leur occupation.

On conçoit que je n'entends ici par le mot *France* que le territoire uni et compacte , qui , réuni, fait sa force et sa puissance. Aussi j'ai omis, à dessein, de parler de *la Corse* , île départementale , séparée du territoire par 40 lieues de mer; des colonies, en général , et de la nouvelle conquête d'Alger, pays qui empruntent leur défense du territoire compacte de la France, et qui ressortent plus particulièrement du ministère de la marine.

Je n'ai fait mention des côtes maritimes que pour les classer à part, ce n'est point là, le côté vulnérable de la France, par la raison que, dans l'état actuel des choses, je considère qu'un débarquement d'étrangers sur le sol de la France ne pourrait être dangereux, à moins qu'il ne soit soutenu par les habitants du pays où s'effectuerait la descente; nous avons d'ailleurs une marine assez puissante, pour former déjà en mer une défense redoutable, avant qu'il soit possible d'arriver à l'attaque du sol.

J'ai voulu, dans ce court exposé, mettre à même le lecteur de juger, et lui montrer que l'œil du gouvernement devait agir activement et spécialement à surveiller strictement les mouvements militaires, des puissances continentales, et tenir les forces de mer et les garnisons des frontières dans une proportion suffisante et calculée pour la sûreté de l'état, avec les forces opposées, en raison du rapprochement ou de l'éloignement de la quantité de troupes étrangères de nos frontières; c'est absolument une partie d'échecs.

En supposant toutes les puissances réunies et formées en coalition, agissant avec un même esprit d'agression contre la France, le gouvernement, qui réunit dans ses mains tous les moyens de résistance, doit y être préparé d'avance. Il possède, pour y faire face, une population de trente trois millions d'habitants, une armée en harmonie avec l'étendue de nos frontières ; il a, pour première défense, les troupes de ligne, lesquelles ont, pour soutien, la masse des citoyens armés, la garde nationale divisée en deux classes : car il serait inutile de déranger une masse de citoyens qui ne pourraient y être utilement employés.

Ainsi, la garde nationale divisée en garde nationale active, composée des citoyens depuis 20 ans jusqu'à 35 ans, est sans contredit le plus puissant auxiliaire de l'armée ; la garde nationale passive, ou l'arrière-ban, est composée des citoyens de 35 jusqu'à 60 ans. La totalité de la garde nationale, suivant les états qui m'ont été fournis, donne un résultat de 3,700,000 hommes.

Nous avons parlé des ressources principales placées dans les mains du gouvernement pour la défense commune, nous allons passer au moyen de les faire mouvoir avec promptitude, et suivant le système que nous proposons d'adopter, pour parvenir à présenter une défense complète du territoire, pour le moment du danger, et diminuer, en temps de paix, le personnel effectif de l'armée active, dans une proportion calculée, pour en réduire les dépenses, sans nuire aux intérêts généraux.

Dans les moyens de défense que nous allons indiquer, nous avons toujours considéré Paris comme le point central de toutes les opérations, séjour du roi et des autorités constitutionnelles qui font mouvoir la défense, autorités seules capables d'établir l'unité nécessaire aux grands mouvements stratégiques, où les moyens les plus prompts de correspondance existent avec le télégraphe. Ainsi, Paris est le point central autour duquel doivent converger toutes les opérations stratégiques, qui, par ce résultat, tendent à se lier entre elles.

Ainsi, après avoir réparti l'armée active et passive pour la défense du territoire en autant de fractions qu'il y a d'états qui sont contigus à la France; formé l'armée française en bataille du nord au sud, en passant par l'est; avoir assuré les liaisons des corps d'armées entre eux, le gouvernement pourra à son gré, du centre de Paris, en diriger promptement et utilement tous les mouvements.

Dans cette manière de fractionner l'armée, il est aussi indispensable de donner une dénomination à chaque corps d'armée, un général en chef, des lieutenants-généraux et des maréchaux de camps commandant les brigades, etc., enfin toutes les armes nécessaires pour former des corps soit indépendants, soit unis.

FORMATION DES CORPS D'ARMÉE

SELON LE PROJET.

—

1° *Armée du Nord.*

Ainsi je suppose une formation d'armée du Nord qui appuie sa gauche à Dunkerque, sa droite à Mézières, le centre à Lille, comme place forte défendant la tête du chemin de fer qui doit y aboutir, résidence du général commandant l'armée et de son état-major ; les brigades réparties dans les villes frontières si habilement fortifiées par Vauban ; les intervalles où doivent être postés les gardes nationaux devront être fixés d'avance.

Lille a une correspondance directe télégraphique avec Paris, en y joignant un chemin de fer pour y transporter le plus promptement les troupes en cas de besoin, et qui doivent se diriger sur cette ville pour être réparties suivant l'occurrence, dans les lieux désignés par le général en chef.

Les canaux, si nombreux dans le nord, devront concourir à la défense générale pour le transport des vivres, etc. (Voir la carte.)

Cette armée fait face à la Belgique, territoire contigu.

2° *Armée de la Moselle.*

L'armée de la Moselle qui se trouve liée à celle du nord, et qui fait face au territoire prussien ; sa gauche appuyée sur la droite de l'armée du nord, à Mézières; son quartier général, avec tout l'état-major général de cette armée, à Metz, résidence du chef ; les ordres généraux doivent être transmis par la voie télégraphique de Paris. L'augmentation subite des garnisons des places fortes et des points intermédiaires, en cas de guerre, désignés d'avance doit avoir lieu par le chemin de fer ; les canaux et la Moselle doivent servir ses approvisionnements.

La droite de cette armée doit s'appuyer à Bitch, et se trouve ainsi liée avec la gauche de l'armée du Rhin, mais en restant toujours indépendante, à moins que des ordres de réunion ne soient transmis aux généraux en chef.

Ce que j'explique en parlant particulièrement d'un corps d'armée séparé est applicable aux autres armées militairement organisées.

3° *Armée du Rhin.*

L'armée du Rhin, qui fait face à l'Allemagne, a sa gauche liée à la droite de l'armée de la Moselle à Bitch, son quartier général à Strasbourg, tête fortifiée du chemin de fer, et se trouve liée avec l'armée du Jura, qui a sa gauche appuyée à Huningue, qui est par conséquent la droite de l'armée du Rhin.

La ligne télégraphique est établie de Paris à Strasbourg, et une route militaire en fer et par la suite commerciale ne peut pas manquer de fixer l'attention des industriels, si nombreux dans les départements du Haut et du Bas-Rhin, etc., par nos rapports avec l'Allemagne.

4° *Armée du Jura.*

L'armée du Jura, qui fait face aux frontières de la Suisse, se trouve naturellement en liaison avec l'armée des Alpes, a sa gauche à Huningue, le quartier général à Besançon, et sa droite au fort l'Écluse.

La ligne télégraphique qui se prolonge jusqu'à Dijon peut être facilement conduite à Besançon, et le chemin de fer qui doit être établi dans la direction de Paris à Lyon et de cette ville à Grenoble peut diminuer de beaucoup le

travail qui doit être exécuté sur ces deux points.
Je crois que le point de séparation de l'embranchement est à Auxon, département de l'Aube.

5° *Armée des Alpes.*

L'armée des Alpes, contiguë à l'armée du Jura, a sa gauche appuyée au fort l'Écluse, et sa
droite à la mer, près de Nice, où se termine la
frontière terrestre et commence le littoral maritime dont je [parlerai plus tard. Le quartier
général à Grenoble et l'armée faisant face au
royaume de Sardaigne.

6° *Armée des Pyrénées.*

Le sixième corps d'armée se trouve, par sa
position, indépendant et séparé des autres, et
doit agir seul sur la frontière d'Espagne, qui se
trouve en face, sa droite appuyée à l'Océan, à
Saint-Jean-de-Luz, et sa gauche à la Méditerranée, à Collioure ; elle doit occuper les postes
nombreux de cette frontière. Le quartier général fixé à Toulouse, où une ligne télégraphique
sera établie ; quant au chemin de fer, il devra
parcourir la ligne la plus directe de Paris à
Toulouse, avec un embranchement seulement

commercial à Tulle, passant par Périgueux pour arriver à Bordeaux.

Je n'ai pas besoin de faire observer que, dans ce projet, les gardes nationaux des départements contigus avec l'armée, et qui devront lui servir de renfort, pourront arriver au poste qui leur sera désigné d'avance par la voie la plus courte et la plus prompte du chemin de fer.

D'après le projet, on conçoit que tous les embranchements du chemin de fer qui arriveront sur les différentes lignes militaires ne seront plus en quelque façon que des chemins commerciaux, et qu'elles ne doivent être entreprises que lorsque les voies de défenses nationales seront assurées.

DIVISION DE LA

DÉFENSE MARITIME.

La défense des côtes maritimes de France doit nécessairement être liée au système de défense territoriale ; aussi on voit que je n'ai pas compris encore dans le projet que j'expose ici la partie du littoral maritime, soit de l'Océan, soit de la Méditerranée, dont la défense est confiée à la valeur de la marine militaire, et qui doit lier ses opérations avec les forces de terre pour

la sûreté des côtes. J'ai compris que, dans l'état
actuel de l'Europe, les débarquements étaient
ce qu'il y avait de plus difficile à effectuer, surtout vis-à-vis d'une nation militaire comme la
française, qui possède un territoire peuplé de 33
millions d'habitants, la plupart guerriers,
ayant à opposer en première ligne une force
maritime considérable, et plus que suffisante
pour empêcher le littoral d'être insulté, établis-
sant une surveillance active vis-à-vis des îles de
Jersey et de Guernesey, seule partie des côtes
qui puisse offrir quelques dangers, ces îles étant
très rapprochées du littoral.

Cependant, pour que le système de la défense
maritime soit complet, j'ai pensé qu'on pouvait
le diviser en cinq grandes amirautés qui subdi-
visent tout le littoral, et qui non seulement doivent aider à prêter main-forte à l'armée de terre,
mais encore protéger essentiellement nos rapports maritimes commerciaux, en surveillant
particulièrement et spécialement l'entrée de nos
grands fleuves dans la mer.

Voici comme je comprends la division du littoral maritime pour la sécurité des côtes.

Ce littoral doit être divisé en *cinq parties*
distinctes :

1.º L'amirauté des côtes de la Manche, qui

prend naissance à la délimitation des territoires belge et français, près de Dunkerque, où commence aussi la ligne de défense territoriale, sur le littoral, jusqu'à Saint-Malo. Le quartier général de cette amirauté se trouve tout naturellement placé à Cherbourg, de manière à surveiller les côtes de la Manche, en observant principalement les îles anglaises de Jersey et de Guernesey, et l'embouchure de la Seine au Havre (cette entrée en rivière peut être défendue par des bâtiments à vapeur armés), ville qui se trouve liée d'intérêt commercial avec Rouen et Paris par la Seine, pour faire pénétrer les marchandises au centre de la France.

La seconde amirauté devra comprendre la totalité des côtes qui forment le littoral depuis Saint-Malo jusqu'à Quimper, y compris les îles adjacentes. Le quartier général de cette amirauté se trouve naturellement placé à Brest, et le nom qu'elle doit porter est celui de l'amirauté du Finistère.

La surveillance commerciale de cette amirauté s'exerce principalement sur toute l'étendue de cette côte et des îles adjacentes.

La troisième amirauté doit s'étendre de Quimper, aux Sables - d'Olonne, et les îles qui en dépendent, son siége principal doit être à

Lorient, et exercer sa surveillance sur l'embouchure de la Loire, à Paimbœuf, point
d'une extrême importance pour le commerce de
Nantes. Je l'ai nommé amirauté de l'Océan
nord.

La quatrième amirauté doit comprendre toute
la côte maritime, et se lier à la troisième aux
Sables-d'Olonne jusqu'aux frontières d'Espagne,
Saint-Jean-de-Luz, en y comprenant les îles
qui dépendent de la France, et en observant
particulièrement les Pertuis, l'embouchure de
la Charente, et surtout celle de la Gironde à la
tour de Cordouan, pour protéger le commerce
de Bordeaux, qui pénètre par cette voie dans
l'intérieur et le midi de la France.

Le quartier général de cette amirauté, qui
doit être nommée de l'Océan sud, est naturellement placé à Rochefort, centre des construc-
tions navales.

Par le moyen de la ligne militaire du chemin
de fer qui doit traverser la France de Paris à
Toulouse, il serait possible d'avoir à Tulle un
embranchement de route en fer purement commercial, passant par Périgueux et finissant à
Bordeaux.

La cinquième amirauté comprendra dans
son entier les côtes de la Méditerranée, avec

les îles adjacentes, y compris la Corse, qui ,
comme on sait, forme un département à part.
Ce littoral comprend la partie du territoire
pui s'étend de Port - Vendres, frontière d'Espagne , jusqu'à Nice, frontière de Sardaigne.

Dans cette étendue de côtes, les points prin-
cipaux à surveiller sur l'étendue de ce littoral
pour le commerce sont les bouches du Rhône
et l'entrée du port de Marseille.

De cette manière, la défense est complète
sur tous les points; les armées de terre se joignent et se lient à la défense maritime.

Je n'ai pas besoin de rappeler au lecteur que
la marine tire les matelots, pour son service ,
des départements maritimes qui forment le littoral, auxquels se joignent , depuis peu, une
certaine quantité de jeunes gens appelés au service maritime, et qui préfèrent l'état de marin.

Je dirai en outre que la création récente des
équipages de ligne dans la marine militaire est
une très heureuse innovation, et qui a déjà pro-
duit d'excellents effets. Je dois rendre cette justice au zèle éclairé des différents ministres de la
marine qui se sont succédé dans ces dernières
années , et qui ont accru de beaucoup la réputa-
tion militaire de cette arme pour la tenue, la
subordination et la propreté des équipages. C'est

une justice que je me plais à rendre à la marine militaire, comme ancien navigateur, il ne manque (à mon avis), pour compléter le système de détails dont je viens de faire mention, que la création d'un grade, ou du moins d'un officier spécialement attaché à la coque du bâtiment, qui, par sa longue habitude au même bord, en connaisse toutes les qualités, à l'exemple du *Master* en Angleterre, et qui remplisse les mêmes fonctions.

Voilà ce qu'une expérience de quelques mille lieues en mer dans mes différents voyages m'a mis à même d'observer.

On voit qu'avec la création de six armées, ayant chacune une destination fixe, un point de défense arrêté, on peut, en cas d'attaque, offrir à l'ennemi une barrière militaire difficile à franchir, même pour une puissante coalition ; que la marine, avec cinq amiraux, ayant chacun la surveillance des quatre embouchures de nos grands fleuves, où aboutit en grande partie le commerce maritime, la défense navale se trouve liée à celle de terre de la manière la plus intime.

On apercevra que je n'accorde à la défense maritime que des télégraphes pour transmettre les ordres de Paris aux commandants les diver-

ses amirautés, comme le moyen de commandement le plus prompt, et qui, réuni dans les mains
du gouvernement, à Paris, peut disposer dans
son ensemble, et promptement, des forces de
terre et de mer.

Je vais passer au détail que nécessite le projet
pour arriver à la diminution du budget.

Troupes de lignes en activité suivant le budget
de 1837.

L'armée active, telle qu'elle se trouve portée
au budget, se compose de 310,046 hommes.

Chevaux . . .	51,276
Armée d'Afrique.	7,841
A Ancône. . . .	1,522
Ensemble. .	60,639 chevaux.

La somme totale de la dépense est
de 228,783,916 fr.

La solde de l'infanterie est
de. . . . . 107,431,250 fr.

Celle de la cavalerie . .	12,921,290
Celle de l'artillerie. . .	8,597,444
Celle du génie	1,551,836
Total. . .	130,501,828 fr.

La totalité de la solde effective donne un résultat de *cent trente millions cinq cent un mille huit cent vingt-huit francs*.

On ne doit pas s'attendre à ce que je propose ici une diminution immédiate du corps d'armée existant. Cette brusque réduction serait trop dangereuse pour être raisonnablement adoptée. Il faut, selon les vues que je propose, que la diminution s'opère d'une manière progressive et à mesure que les chemins de fer prendront de l'accroissement sur notre sol : car je considère les travaux des troupes appliqués aux routes en fer comme indispensables, et de nature à produire de fortes économies dans la main-d'œuvre, économies qui tournent tout entières au bénéfice des contribuables et de la patrie.

Ainsi la diminution que je propose doit d'abord porter sur l'infanterie, en réduisant les cadres du $\frac{1}{12}$ par année pour les militaires les plus proches d'avoir fini leur temps de service, ne les remplaçant par de nouvelles recrues que lorsque le temps de service de ceux qui seront en disponibilité sera achevé, et que d'autres auront pris leurs places sur les contrôles, ainsi que je l'expliquerai plus bas, diminution qui aura lieu toujours par $\frac{1}{12}$ chaque année, jusqu'à la parfaite confection des six chemins de fer, utiles à la défense commune, et que l'infanterie sera portée à moitié des cadres d'activité complets actuels; mais, dans cette réduction, j'entends que les hommes qui n'auront pas fini le temps exigé par la loi resteront couchés sur les contrôles, et qu'au cas où ils seraient appelés à leur corps, s'il en était besoin, en repassant par le dépôt, ils y trouvent l'habillement et l'armement qu'ils ont laissé en partant, toujours au complet et en état, de manière à se trouver promptement en ligne.

Dans le système de réduction, je n'entends aucunement diminuer en rien les cadres effectifs des officiers et sous-officiers, jusqu'au grade de sergent; il est nécessaire que les officiers dont je viens de faire mention soient toujours présents au corps, parce que leurs travaux deviendront plus considérables à mesure des recrues qu'ils recevront au corps.

Dans les armes spéciales, la cavalerie, l'artillerie et le génie, etc., etc., armes qui demandent une étude particulière et surtout une longue pratique, je crois qu'il est impossible de proposer une diminution de plus du quart dans les cadres effectifs, en commençant la réduction pour un 24° par année dans les hommes seulement, supposant les cadres complets.

Ainsi la réduction dans les armes spéciales peut s'opérer par 24° par année, de manière à arriver, toujours lorsque les chemins en fer de dé-

fense seront terminés, à avoir les 3[4 des cava-
liers effectifs au corps, et 1[4 dans leurs foyers,
sans solde, mais qui ne seront rayés des contrôles qu'au moment où leur temps de service
expirera, alors de nouveaux soldats en disponibilité viendront les remplacer.

J'excepte nécessairement de toute absence des
cadres, et comme devant rester constamment au
corps, les officiers de tout grade, jusqu'à celui
de maréchal-des-logis.

Quant aux chevaux qui composent les esca-
drons et ceux des charrois d'artillerie, ainsi que
tous les accessoires nécessaires à la formation
d'une armée régulièrement organisée, ils devront être toujours au complet, et soignés par
les hommes présents au corps.

Ainsi, pour qu'il n'y ait pas d'équivoque dans
mes propositions, je crois devoir les formuler
ainsi :

Dans l'infanterie, diminuer les cadres par
douzièmes progressivement, par an, et à mesure
que les chemins de fer pour la défense commune prendront de l'extension, de manière à arriver à une diminution de moitié des hommes
présents, supposant les cadres complets.

Dans les armes spéciales, arriver progressivement et par vingt-quatrièmes à la diminu-

tion des cadres complets , de manière à opérer
la réduction d'un tiers en disponibilité dans
leurs foyers lorsque la mesure sera complète et
les six chemins de fer en activité, les trois quarts
présents au corps.

Moyens d'exécution.

Les moyens d'arriver à la mise à exécution
des six voies principales des chemins de fer que
je propose, et qui mènent directement de Paris
au quartier général des six armées , est de com-
mencer par la formation régulière des six corps
d'armées , ayant chacun , en proportion de leur
force, leur état-major général , la cavalerie ,
l'artillerie , etc. , etc. , et répartis sur la ligne
indiquée.

. Chaque corps d'infanterie réparti et échelon-
né sur la route du chemin de fer conduisant de
Paris au quartier général pourra opérer le mouvement des terres ordonnées d'après les études
qui en auront été faites et arrêtées par MM. les
ingénieurs des ponts et chaussées, qui sont et
doivent être chargés particulièrement des travaux d'art de toute nature sur toutes les routes,
en observant comme règle générale que toutes les fois que la route de fer traverse une com-

mune ou une ville , tous les travaux terriers ,
excepté ceux d'art , sont à la charge de la commune (qui en profite) dès l'instant où le chemin
de fer atteindra la première maison de la commune , contiguë aux autres , jusqu'à la dernière
exclusivement ; moins, comme déjà je l'ai expli-
qué , les travaux d'art qu'il y aurait à exécuter
dans ladite commune , qui sont à la charge de
l'état. C'est un impôt assurément que ce travail , mais un fardeau compensé par la hausse
des prix de toutes espèces de denrées , que pro-
cure ce prompt moyen de transport.

Je ne crois pas que les troupes, en temps de
paix , pussent être mieux employées qu'à préparer une défense respectable pour le temps
de guerre. Les Romains avaient établi ce système, bien préférable pour la santé du soldat à
la vie oisive et monotone des garnisons, qui
finit par dégoûter le militaire du travail, en le
rendant infiniment moins laborieux.

Ainsi, en thèse générale, le gouvernement
doit à la patrie et à la masse des citoyens, dont il
garantit les droits et les propriétés , un système
de défense qui les mette à l'abri de toutes les
atteintes; il doit porter son attention sur les
routes en fer; c'est à lui à en provoquer l'exécution ; c'est à lui surtout qu'est confié le soin

de diriger les études de ce grand monument du siècle, qui doit avoir la surveillance qui devra y être exercée, et c'est dans ses mains seules que doit être placée la direction qu'ils auront à prendre et les impôts qu'ils produiront.

Autrement, sans son concours prudent et actif, si les chemins de fer n'étaient pas surveillés par le gouvernement, ce serait une malheureuse déception dont je ne me chargerais pas d'esquisser tous les dangers, et qui irait jusqu'à faire regretter de n'avoir pas su mettre en utile pratique la plus belle des inventions du temps présent.

Je formule ainsi ma pensée sur les moyens d'exécution :

1º Que tous les travaux terriers journaliers et courants concernant la voie des chemins de fer servant à la défense de la France suivant le projet soient exécutés autant que possible par les troupes, sous la surveillance des agents du gouvernement;

2º Que les communes, soit rurales, soit urbaines, qui seront parcourues par les chemins de fer, et qui doivent en percevoir le bénéfice, soient tenues d'exécuter à leurs frais les travaux terriers locaux de leurs communes respectives à partir de la première maison contiguë de la commune jusqu'à la dernière , à l'exception des travaux d'art ;

3° Que tous les travaux d'art soient édifiés au soin du gouvernement par les ingénieurs des ponts et chaussées.

Je vais mettre sous les yeux du lecteur la dépense que ce mode de communication doit occasionner à l'état par approximation. On doit sentir que j'ai dû abandonner ici le tracé ordinaire, qui détermine chaque localité où le chemin de fer doit passer, et donne le tracé de l'étude parfaitement conforme, pour borner mon travail par aperçu à la ligne directe parcourue de Paris au quartier général des diverses armées, et donnant à cette ligne moitié en sus de la ligne directe. Par cette donnée , j'arriverai à l'approximation du prix d'un travail considérable : il aurait été impossible, je pense , de prendre une autre base.

La route militaire du chemin n° 1, armée du nord, de Paris à Lille, quartier général, est, en ligne directe, de 20 myriamètres (1) et 172 environ ; la moitié en sus pour les contours que l'on doit donner à la route : total 30 myriamètres 7200 mètres, dont la dépense , par approxima-

____

(1) Le myriamètre coutient 10,000 mètres.

tion, est de 2,500,000 fr. par myriamètre (10,000 mètres), ou 250 fr. par mètre. Par conséquent cette route doit coûter 6,875,000 par approximation.

Route militaire n° 2, armée de la Moselle, de Paris à Metz, ligne directe, 26 myriamètres environ; moitié en sus: total 39 myriamètres, qui, à 2,500,000 fr. par myriamètre, doivent coûter, par approximation, 97,500,000 fr.

Route militaire n° 3, armée du Rhin, de Paris à Strasbourg, quartier général du troisième corps d'armée; il y a une ligne directe de 33 myriamètres 1/2 environ, le tiers en sus, 64 myriamètres 7500 mètres; mais il y a une économie immense à faire passer cette route militaire par Metz, ayant un embranchement direct sur Strasbourg. Il n'y a plus à confectionner que 12 myriamètres 1/2, moitié en sus, 18 myriamètres 3/4, au prix de 2,500,000 fr. par myriamètre, donnent un total de 46,875,000 fr.

Route militaire n° 4, de Paris à Besançon; la ligne droite est 31 myriamètres 7200 mètres, dont la moitié en sus donne un total de 46 myriamètres 4600 mètres, à 2,500,000 fr. par myriamètres, donnent pour résultat 116,150,000, fr. environ.

Route militaire n° 5, de Paris à Grenoble,

passant par Lyon, avec un embranchement sur la ligne de Besançon, près d'Auxon, département de l'Aube, qui, déjà, fait partie de la ligne directe de Besançon n° 4.

Il y a d'Auxon à Lyon 27 myriamètres 5000 mètres; 9 myriamètres de Lyon à Grenoble, total 36 myriamètres 5000 mètres, dont moitié en sus, 18 myriamètres, donnent un résultat de 54 myriamètres 7200 mètres environ, ce qui, au prix désigné, forme le total de 136,700,000 fr.

Route militaire n° 6, de Paris à Toulouse en ligne directe, avec embranchement de Tulle à Périgueux, et de cette dernière ville à Bordeaux.

De Paris à Tulle . .	40 myriam. 1i2	
De Tulle à Toulouse.	18	1i2
Total. . .	59 myr.	
Dont moitié en sus. .	29 myr.	5,000 m.
Total. . .	88 myr.	5,000 m.

Au prix approximatif de 2,500,000 fr. par myriam. donnent un total de 221,250,000 fr.

On voit que, par approximation, je n'ai rien exagéré.

Voici la récapitulation totale du prix des routes militaires en fer aux lieux désignés par approximation.

Route n° 1. . . . 76,875,000 fr.
— n° 2. . . . 97,500,000
— n° 3. . . . 46,875,000
— n° 4. . . . 116,150,000
— n° 5. . . . 136,700,000
— n° 6. . . . 221,250,000

Total. . . 695,350,000 fr.

Le chemin entièrement commercial de Tulle à Bordeaux, passant par
Périgueux. . . . . 7 myr. 7,200 mèt.
De Périgueux à Bor-
deaux. 10 5,000

Total . . 18 myr. 2,200 mèt.
Dont moitié en sus. 9 1,100

Total. . . 27 myr. 3,300 mèt.
qui, par approximation, doivent coûter au comerce 33, 325,000 fr.

On voit par le résultat du compte que je viens de mettre sous les yeux du lecteur que, dans toutes les localités, les routes en fer ne feront pas de contours (1) à procurer toujours moitié en

____

(1) Les contours de la route en fer de Paris à Saint-Germain produisent un peu moins du quart en plus que la ligne droite.

sus de la ligne droite, et que cette donnée doit paraître raisonnable.

J'estime donc que le total des lignes défensives que je propose d'exécuter coûtera à l'état la somme de 695,350,000 fr., par approximation, qui ne doivent figurer au budget des dépenses que pour un sixième, de 115,891,666 fr. par an.

Voici les diminutions qui pourront résulter du système que je propose :

1° Le travail des troupes, avec haute paie, sur la ligne du chemin de fer aboutissant au quartier général qu'ils sont chargés de défendre, ce qui empêchera la main-d'œuvre d'augmenter et activera les travaux.

2° *La seconde* doit résulter du *boni* fait sur les routes en fer dans l'étendue des communes urbaines et rurales, à partir de la première maison contiguë à la dernière, sans y comprendre les travaux d'arts.

La troisième doit s'établir plus tard dans la réduction des hommes sous les armes, qui devront être diminués d'abord par douzièmes tous les ans dans l'infanterie, jusqu'au moment où les chemins de fer seront achevés, et qu'il sera possible de réduire ainsi l'infanterie à moitié de son effectif au complet, et au quart dans les armes spéciales.

Cette économie pourrait produire 10,875,069 fr. la première année, somme dans laquelle je n'ai pas fait figurer les journées d'hôpitaux, la détérioration des habillements, etc., etc.

La quatrième consisterait dans la rentrée des fortes sommes que paieraient les voyageurs et le commerce, pour transport de marchandises, etc., versées dans les caisses de l'état, et dont je ne pourrais évaluer le montant par approximation, le mouvement commercial devenant beaucoup plus considérable.

Tels sont les résultats d'économie probables de la création des chemins de fer, qui deviendront par la suite, ainsi que j'ai cherché à l'exposer un grand bienfait national d'abord, pour la sécurité territoriale ; et ensuite par le mouvement commercial immense qu'une mesure semblable doit procurer à la France.

Organisation des corps d'armées selon le plan proposé.

Il est nécessaire d'expliquer ce que j'entends par organisation de l'armée suivant le plan (voir la carte), pour être en état de marcher à la défense générale, et quelle modification je voudrais qui prévalût sur celle actuelle, qui dissémine les troupes dans les garnisons sans aucun motif apparent, et pour que chacun des corps puisse être fixé à l'avance sur le lieu où il doit se rendre en cas d'attaque.

Ainsi, il ne s'agit pas ici de changement de garnisons et de retirer les troupes des lieux où le gouvernement a cru leur présence nécessaire selon ses vues, pour les placer en ligne le long des frontières, mais bien de désigner à l'avance la position qu'elles doivent occuper à la frontière, les généraux en chef, maréchaux-de-camp, etc., et les régiments qu'ils doivent commander, de les nommer d'avance, de joindre à ce commandement les états-majors et les officiers, la cavalerie, l'artillerie, etc., etc., enfin tout ce qui comprend dans toutes ses parties une organisation partielle d'armée régulière.

Je désirerais surtout que les généraux de division et de brigade fussent fixés à leurs troupes de manière à connaître les officiers sous leurs ordres, comme ces derniers connaissent les militaires qui composent leur compagnie et leur régiment.

Ce qui manque aujourd'hui à l'armée française, c'est la connaissance intime des officiers généraux qui doivent la conduire et lui donner l'exemple. On en remarque souvent les effets. Il

y a certes une immense différence entre un officier général qui connaît les officiers sous ses ordres avec ceux envoyés *ad hoc*, qui doivent faire
d'abord connaissance avec leurs subordonnés, et
peuvent ignorer le moral des instruments dont
ils vont faire usage. Ce sont, à mon avis, des
imperfections du système militaire actuel faciles
à rectifier, système qui, au reste, a la sanction
générale.

Je considère aussi comme extrêmement essentiel, dans le projet que je propose de mettre en
pratique, de voir arriver les régiments à avoir
des dépôts fixes, et non ambulants comme les
corps auxquels ils appartiennent. Ce changement de garnison, outre qu'il coûte très cher à
l'état par le déplacement de chacune des classes
d'ouvriers, transports d'effets d'armement et
d'habillement, etc., etc., est une surcharge pour
le budget du ministre de la guerre, sans motif
d'utilité pour l'état, que l'on peut éviter. Les
dépôts fixes n'empêchent nullement les corps de
changer de garnison et d'être aussi ambulants que
le besoin l'exige.

Les dépôts doivent être considérés sous un
autre point de vue.

Dans ce lieu doivent être réunis tous les chefs
ouvriers, avec leurs ateliers ; il est nécessaire

d'y trouver les magasins d'armement et d'habillement, etc., etc., sous la surveillance du quartier - maître, et des officiers chargés spécialement des différentes parties de ces services,
pour les réparations principales et les confec-
tions d'effets.

De plus, c'est au dépôt de chaque corps que
doivent être envoyées toutes les recrues, pour
que les officiers instructeurs *ad hoc* leur ensei-
gnent le métier des armes ; c'est là qu'ils doivent passer tout le temps nécessaire à leur in-
struction aussi brève que possible, pour de là
être envoyés au corps d'activité dans les garnisons que le régiment occupe.

C'est dans ce dépôt que je voudrais qu'il y
eût des salles où seraient disposés les effets dans
le sac fait, ainsi que l'armement complet des
militaires en disponibilité chez eux dont je par-
lerai tout à l'heure, de façon à ce que le soldat puisse y déposer ses armes et son habillement, et les reprendre si le cas l'exige, et qu'il
soit rappelé à son corps, de manière à ce que
dans les huit années qu'il doit à l'état, il en
passe quatre au corps et quatre en disponibilité
dans ses foyers; ou, s'il était de nouveau appelé,
il repasserait au dépôt, y trouverait tout son
armement et équipement complet, son sac, son

schako et son fusil en état, et irait reprendre son rang dans le cadre de sa compagnie, qui n'a pas cessé de le porter sur les contrôles.

De cette manière, les corps d'infanterie pourraient être plus nombreux, et moitié de l'effectif placé dans les cadres; ceux de l'autre moitié, sans être exemptés du service, seraient chez eux en disponibilité permanente, jusqu'au moment, comme je l'ai dit, où les huit années que la loi réclame seraient terminées.

Cette façon d'opérer une réduction effective du soldat en activité, sans diminuer le nombre des hommes formant le corps, doit être classée de trois positions distinctes :

1° Les hommes présents au corps en état de service ;

2° Les hommes en disponibilité dans leurs foyers, et faisant partie de leurs corps, jusqu'au moment où ils sont libérés par la loi ;

3° Les hommes au dépôt, et qui doivent passer au corps jusqu'à la quatrième année avant d'arriver à l'état de disponibilité.

J'ai dit ailleurs que les cadres devaient être complets en officiers.

L'état, de cette manière, y gagnera doublement : d'abord la solde effective de l'homme, des journées d'hôpitaux, et ses effets ne seront point détériorés ; il aura de plus la masse du travail industriel, auquel il aura été employé chez lui.

Voilà, je pense, comme il sera possible, dans un temps donné, avec la facilité de traction des chemins de fer, et à mesure qu'augmenteront les lignes militaires, d'arriver graduellement à la diminution de moitié dans l'armé de l'infanterie.

Dans les armes spéciales, dont la cavalerie fait partie essentielle, ainsi que l'artillerie et le génie, la diminution d'un vingt-quatrième par année, jusqu'à ce qu'on soit arrivé à un quart en six ans, les trois quarts sous les armes, mais toujours avec dépôt fixe, et les régiments ambulants aux ordres du gouvernement, et pouvant former corps d'armée régulière avec les troupes désignées pour garder la frontière, si le gouvernement a jugé qu'il devait venir y prendre sa place,

Des gardes nationaux appelés à la défense de la patrie.

J'ai déjà parlé de la masse des gardes nationaux qui pourraient être appelés au secours des armées, si elles n'étaient pas suffisantes ; on estime cette force à 5,700,000 hommes, disposés en deux classes : la première active, composée des citoyens de 20 à 35 ans, 1,200,000 hommes; la seconde passive, de 35 à 60 ans, de 2,500,000 hommes.

La première classe peut présenter en aperçu un effectif de 800,000 hommes, qui doivent être répartis dans les six armées suivant leur proximité, la force et l'importance de la puissance qu'elles ont devant elles.

Ainsi on doit songer que, par la voie si brève et si active des chemins de fer (1), les gardes nationaux de l'âge de 20 jusqu'à 35 ans, formant la réserve de l'armée active, devront être pris de préférence dans le département de la ligne parcourue par le chemin de fer, le général devant d'avance, autant que possible, assigner à chaque corps de cette armée le lieu de sa destination à la frontière.

Aussi, dans l'armée du Nord, n° 1, la ligne droite parcourt les départements suivants : Oise, Somme, Pas-de-Calais et Nord, où Lille est

---

(1) 20,000 hommes d'infanterie, 3,000 chevaux et 60 pièces d'artillerie ne pèsent que 4,530 toises ; elles tiendraient 9,270 mètres sur les rails des chemins de fer ; 100 machines suffiraient pour imprimer à cette armée une vitesse de six lieues à l'heure, et le prix peut être évalué à 4 fr. par kilomètre, par tonne ; ainsi on peut transporter 25,000 hommes à 100 lieues en 24 heures pour 72,480 fr.

situé ; il serait superflu de citer les départements
où passent les lignes, l'exemple donné plus haut
suffit. Ce sont les gardes nationaux de ces provinces qui doivent plus particulièrement concourir à la défense et à l'augmentation des armées, laissant les forces du département de la
Seine, comme point central, à part *.

On doit aussi exempter les gardes nationaux
des départements où sont établies les conscrip-
tions maritimes qui se trouvent réparties selon
le besoin des côtes et les plans du gouvernement.

Mais, en traitant des moyens nouveaux pour
la défense de la France, nous ne devons pas
passer sous silence une invention dont les résultats bien constatés doivent faire époque, et que
je considère comme un des puissants moyens,
avec les chemins de fer, pour arriver ou au moins
à diminuer, s'ils ne parviennent pas à éteindre
entièrement le flambeau de la guerre chez tous
les peuples, je veux parler ici de l'invention
meurtrière d'un jeune homme (M. Robert) dont
la vocation n'était point d'être armurier, et qui

---

* Le système de défense de Paris serait complet, en ralliant les
divers chemins de fer entre eux à une certaine distance, de
manière à former une ligne défensive, ainsi que le propose le
capitaine Bidon.

cependant doit à son génie créateur la mise en lumière du perfectionnement d'une arme nouvelle, que je considère comme le moyen le plus prompt pour arriver à ce résultat, parce qu'il est sans contredit le plus meurtrier de tous ceux de découverte récente. On a le droit de s'étonner avec quelque raison que la supériorité de cette arme sur les fusils à silex et à piston n'ait pas été mise en pratique pour essai en Afrique, après les expériences publiques et concluantes qui ont été faites, et pourquoi le comité d'artillerie ne les a pas mises à l'épreuve dans ce pays. Il est certain que, par la nature de l'arme, il a l'immense avantage sur tous les autres, non seulement de faire feu plus promptement, mais encore il donne au soldat la facilité d'avoir son arme chargée et d'être sur la défensive dans toutes les positions les plus difficiles ; enfin il rend le maniement des armes plus facile et moins compliqué.

Le but important que je me suis proposé dans cet écrit est de montrer de la manière la plus positive que les chemins de fer sont une des découvertes nouvelles qui réagiront le plus avec avantage sur la politique intérieure de la France, et deviendront un moyen de sécurité en mettant le sol à l'abri de toute invasion étrangère, et

par la suite seront une des causes de la diminution du budget.

Je n'ai pas dû présumer que, lorsque des intérêts
aussi graves que ceux de *la nationalité* pou-
vaient être compromis, on devait, avant de les
avoir mis à couvert, s'occuper des voies commerciales, qui ne peuvent prospérer qu'à l'abri
tutélaire de l'égide de Bellone, qui en assure seule
la tranquillité. C'est par cette raison toute-puis-
sante que je n'ai pas dû dans ce mémoire m'occuper du commerce, placé en seconde ligne, et qui
ne devient prospère qu'avec l'assurance de la sécurité politique; d'ailleurs les voies militaires
rempliront déjà une partie du but, en servant
utilement le commerce dans les parties que par-
courent les voies militaires des routes en fer pro-
posées. Une autre raison qui milite en faveur
de cette opinion, et que j'ai déduite, est que le
commerce maritime est sous la protection spé-
ciale de la marine militaire; en protégeant l'embouchure à la mer de nos quatre grands fleuves
on protége essentiellement le commerce, qui fait
pénétrer par les eaux des grands fleuves les marchandises des ports, au centre de la France, et
qui peuvent même, à l'aide des canaux, être
portées dans une grande partie des localités les
plus éloignées. C'est pour cette raison que je n'ai

réclamé pour nos ports maritimes que des voies télégraphiques pour faire parvenir les ordres du gouvernement à cet égard.

Il aurait été impossible, dans un opuscule de cette nature et aussi peu étendu, d'entrer dans de plus grands détails pour arriver aux résultats des calculs. Je n'ai dû raisonner que par approximation et avec les grandes données dont je me suis servi. J'ai désiré être compris et entendu de tout le monde. Heureux si, dans un travail aussi incomplet sans doute, je puis attirer l'attention des hommes spéciaux qui s'occupent des intérêts de notre patrie. Voilà le but honorable que je désire atteindre, et si les idées que j'expose dans cette louable intention arrêtent leurs pensées sur les fins de cet aperçu, et surtout si, comme dans mes autres écrits, j'ai été assez heureusement inspiré pour qu'ils soient empreints de ce patriotisme ardent et éclairé que font naître des questions aussi élevées, ma tâche, dont voici les conclusions, sera complétement remplie.

1° Que les lignes des chemins de fer soient placées sous la surveillance du gouvernement, soit pour la confection, soit pour la police qui doit y exister.

2° Que les troupes soient employées à ce travail toutes les fois que les lignes seront désignées comme route militaire stratégique.

3° Qu'il soit créé six lignes militaires et stratégiques des chemin de fer de Paris aux villes désignées dans le mémoire.

4° Que les lignes militaires et télégraphiques désignées soient établies dans le cours de six années.

5° Qu'à mesure que les chemins de fer seront établis, l'effectif de l'armée en soldats soit diminué d'un 12ᵉ par année jusqu'à diminution de moitié dans l'infanterie; et seulement par 24ᵉ par année dans les armes spéciales, l'artillerie, génie, cavalerie, etc. , jusqu'à diminution du quart.

5° Que cette diminution s'opère graduellement, envoyant en disponibilité chez eux les militaires les plus proches d'avoir atteint le temps que la loi réclame de leur service, et les laissant figurer sur les contrôles jusqu'à ce qu'ils soient libérés.

7° Que des télégraphes soient établis aux différents chefs-lieux d'amirautés désignés dans la carte ci-jointe pour y servir à la transmission des ordres du gouvernement.

FIN.

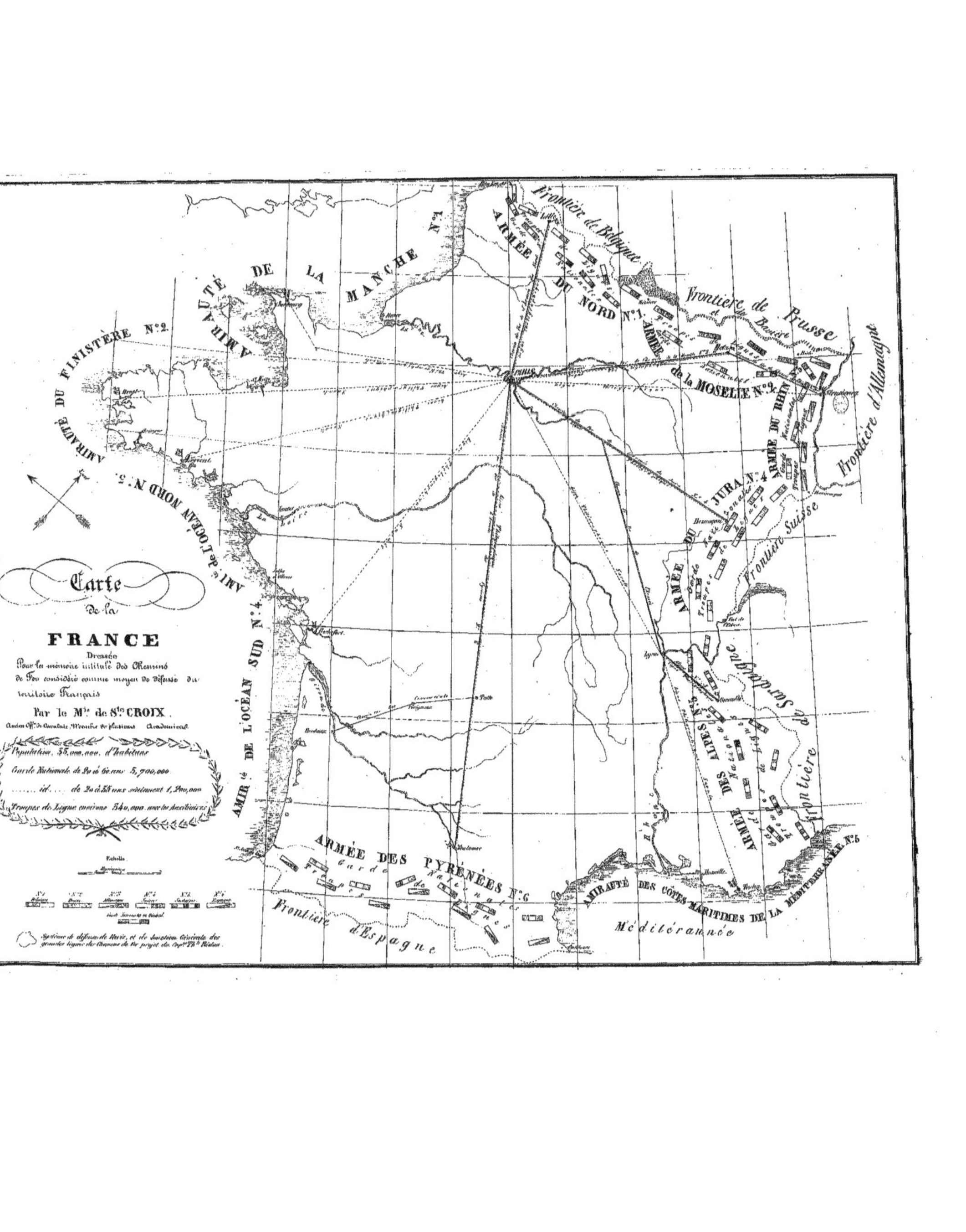
AMIRAUTÉ DE LA MANCHE N°3.
AMIRAUTÉ DU FINISTÈRE N°2.
AMIL de L'OCÉAN NORD N°3.
AMIRL de L'OCÉAN SUD N°4.
Frontière de Belgique
ARMÉE DU NORD N°1.
Frontière de Prusse
ARMÉE de la MOSELLE N°2.
Frontière d'Allemagne
ARMÉE DU JURA N°4
Frontière Suisse
ARMÉE DES ALPES N°5
Frontière de Sardaigne
ARMÉE DES PYRÉNÉES N°6
Frontière d'Espagne
AMIRAUTÉ DES CÔTES MARITIMES DE LA MÉDITERRANÉE N°5.
Méditerranée
Carte
de la
FRANCE
Dressée
Pour la mémoire intitulé des Chemins
de Fer considéré comme moyen de Défense du
territoire Français
Par le Mr. de Ste CROIX.
Ancien Off. de Cavalerie Membre de plusieurs Académies.
Population, 35,000,000 d'habitans
Garde Nationale de 20 à 60 ans 5,700,000
id. de 20 à 55 ans seulement 4,200,000
Troupes de Ligne environ 340,000 avec les Auxiliaires
Echelle
PARIS